Geschrieben von **Dela Kienle**,
mit Bildern von **Anne Ebert** und **Jochen Windecker**

PFERDE

EXPLORER

CARLSEN

Alles, was du wissen willst!

Inhalt

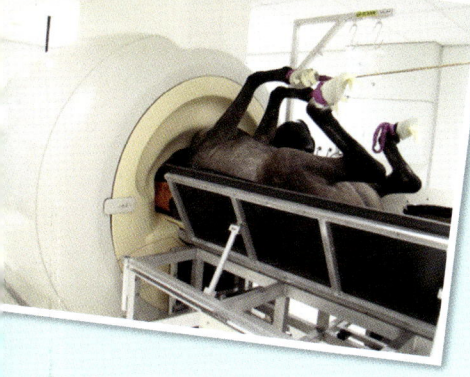

Fellfarben

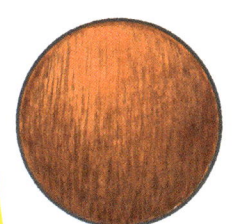

Fuchs

Rappe

Schimmel

Schecke

Brauner

Abzeichen

kurze Blesse

Strich

Flocke

Keilstern

Stern

Blume

Flämmchen

Schnippe

Krötenmaul

Mehlmaul

Laterne

3

WUNDERWESEN mit SONDERAUSSTATTUNG

Warum Pferde so einzigartig sind

Eine Million Pferde gibt es in Deutschland – das sind eine Million wiehernde Spielkameraden, Trainingspartner und Freunde. Jedes Pferd ist ein Wunderwesen, das viele Dinge kann, die für uns Menschen unmöglich sind.

Widerrist
Von diesem Punkt wird die Größe gemessen: Liegt die Widerristhöhe oder das „Stockmaß" eines erwachsenen Tieres bei mindestens 1,48 Meter, handelt es sich um ein Großpferd. Kleinere Pferde nennen wir Ponys.

Haut
Die Haut eines Pferdes ist sehr empfindsam, vergleichbar mit der Empfindlichkeit unserer Fingerspitzen. Pferde können enorm viel Schweiß absondern: bis zu zehn Liter in zehn Minuten.

Kruppe

Schweif

Oberschenkel

Knie

Mehr zum **Verdauungstrakt** findest du auf Seite 29.

Sprunggelenk

Ohren
Mit Hilfe von 16 Muskeln kann ein Pferd seine Ohrmuschel bis ganz nach hinten drehen. Auf diese Weise kann es in alle Richtungen lauschen. Pferde hören Geräusche, die wir Menschen nicht wahrnehmen.

Augen
Mit fast fünf Zentimetern Durchmesser sind Pferdeaugen größer als die Augen eines Elefanten – und fast so groß wie ein Tennisball. Pferdeaugen sitzen seitlich am Kopf und funktionieren unabhängig voneinander, so dass ein Pferd fast alles sieht, was um es herum passiert. Das ist wichtig für ein Fluchttier, das die ganze Umgebung überblicken muss. Nur hinter sich und direkt vor seiner Nase kann ein Pferd nicht sehen. Deshalb erschrickt es, wenn sich jemand von hinten nähert.

Mähne

Nüstern
Pferde haben echte Spürnasen: Mit ihnen wittern sie Gefahren, beurteilen Futter und können sogar den Angstschweiß von Menschen erschnuppern, wenn diese sehr nervös sind. Auch eine Stute und ihr Fohlen erkennen sich am Geruch.

Maul
Auf der beweglichen Oberlippe des Pferdes wachsen Tasthaare, mit denen das Tier seine direkte Umgebung erspürt. An der Abnutzung der Zähne können wir das Alter eines Pferdes schätzen, denn die Zähne müssen vieles aushalten: Auf der Weide grasen Pferde täglich 12 bis 16 Stunden. Und auf einem Kilo Heu kauen sie etwa 3000 Mal.

Schulter

Oberarm

Unterarm

Ellbogen

Fessel

Fesselgelenk

Vorderbeine
Auf ihnen ruhen mehr als 60 Prozent des Gewichts. Ein Pferd steht bis zu 20 Stunden am Tag. Will es im Stehen dösen, kann es das Kniegelenk einrasten lassen, so dass die Beinmuskeln nicht beansprucht werden.

Hufe
Die äußere Hufwand besteht aus Horn, ähnlich wie unsere Fingernägel. Deshalb tut es nicht weh, wenn der Schmied dort ein heißes Hufeisen mit Nägeln befestigt. Das Hufeisen muss er etwa alle vier bis sechs Wochen wechseln: Das Horn des Hufes wächst nämlich bis zu einem Zentimeter pro Monat.

So etwa sah das Urpferd aus, das vor 50 Millionen Jahren in Messel lebte.

Vom Urpferdchen zum stolzen Reittier

Im Galopp durch die Geschichte

Klein und durstig

Was ist das für ein Tier, das aus dem Gebüsch herauslugt? Es ist kaum größer als ein Fuchs, hat ein geflecktes Fell, Stummelbeine und eine dicke Schnauze. Vorhin noch hat das Wesen Blütenknospen gefuttert, doch jetzt hat es Durst. Vorsichtig tippelt es an das See-ufer heran, beugt sich zum Trinken – und bricht leblos zusammen.

Tod am See

50 Millionen Jahre ist das her. Das merk-würdige Tier war der Urahn unserer Pferde, **Hyracotherium** genannt. Und die tödliche Falle war der See von Messel, der nahe dem heutigen Darmstadt liegt. Aus seinem vulkanischen Untergrund blubberte giftiges Gas nach oben und sammelte sich bei Wind-stille an der Wasseroberfläche. An ihm sind unzählige Tiere erstickt. Sie sind ins Wasser gerutscht und wurden am Seegrund von Ton umschlossen. Nirgendwo anders haben Forscher deshalb so viele gut erhaltene Urpferdchen-Versteinerungen ausgegraben.

Im Naturmuseum Senckenberg in Frankfurt kannst du ein in Messel versteinertes Urpferd besichtigen.

Die Entwicklung des Pferdes

Hyracotherium
(vor 50 Mio. Jahren)

Mesohippus
(vor 40 Mio. Jahren)

Merychippus
(vor 30 Mio. Jahren)

Pliohyppus
(vor 10 Mio. Jahren)

Equus –
modernes Pferd
(vor 4 Mio. Jahren)

Weiter Weg

Die Entwicklung vom plumpen Winzling von damals zum eleganten Pferd von heute war lang und verworren. Vor rund 10 Millionen Jahren trabten auf dem amerikanischen Kontinent gleichzeitig völlig verschiedene Gattungen umher: Da gab es den **Hypohippus,** der schon so groß wie ein Pony war. Es gab Zwerge wie den nur 75 Kilo leichten **Nannippus** und dort lebte auch der **Dinohippus**, ein Urahn unseres heutigen Pferdes. Bei aller Vielfalt sind letztlich nur aus einer einzigen Gattung all unsere modernen Pferde hervorgegangen. Diese Gattung heißt **Equus,** es gibt sie seit etwa 4 Millionen Jahren. Von Amerika aus hat sie sich auf anderen Erdteilen verbreitet. Die **Equus**-Pferde sahen den heutigen Pferden ähnlich: langer Hals, länglicher Kopf, lange Beine … und einzehige Hufe. Die sind etwas ganz Besonderes.

Das Urpferdchen **Hyracotherium** brauchte noch vier Zehen an den Vorderbeinen, denn die verhinderten, dass es in sumpfigen Urwäldern einsank. Doch im Laufe von Millionen Jahren änderte sich das Klima und die Frühpferde begannen auf trockenen Graslandschaften zu leben. Wer vor Raubtieren fliehen wollte, musste zackig galoppieren können – und so entwickelten sich andere Füße. Die Urahnen unserer Pferde stiegen auf die Zehenspitzen wie Balletttänzerinnen, die nur mit dem großen Zeh die Erde berühren. Bei den Pferden verdickte sich der mittlere Zeh zu einem Huf, die anderen Zehen wurden immer unwichtiger, bis sie schließlich verschwanden. Gleichzeitig wurden die Beine immer länger, die Sehnen, Muskeln und Bänder leistungsfähiger – und das Pferd damit schneller.

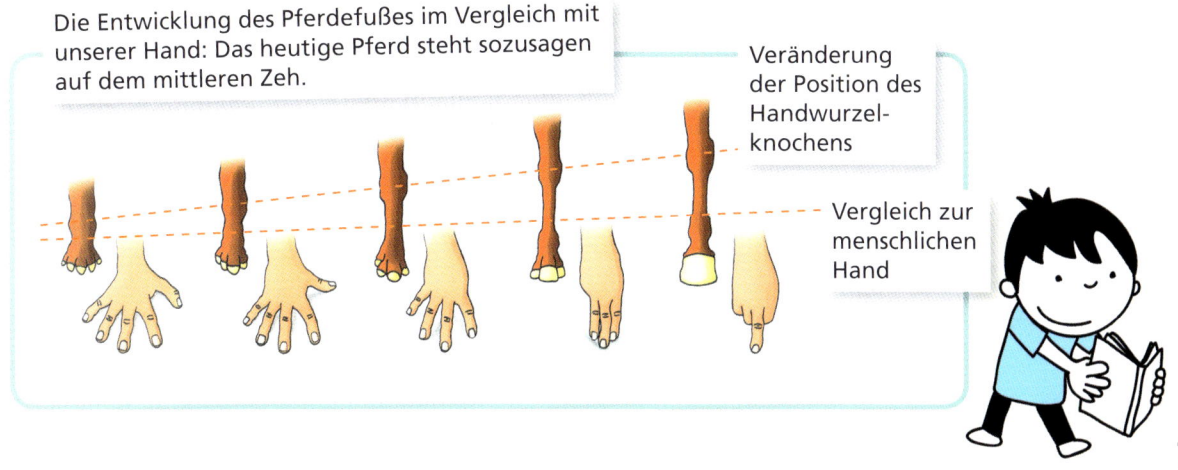

Die Entwicklung des Pferdefußes im Vergleich mit unserer Hand: Das heutige Pferd steht sozusagen auf dem mittleren Zeh.

Veränderung der Position des Handwurzelknochens

Vergleich zur menschlichen Hand

Die Höhle von Lascaux (sprich: Laskoh) liegt in Frankreich. Diese Wandmalerei ist etwa 20 000 Jahre alt.

Mal hü, mal hott

Über die Beziehung von Mensch und Pferd

Reine Geschmackssache

Wie Donnerhall klingt das Hufgetrappel der verängstigten Urzeitpferde. Steinzeitjäger versuchen mit Gebrüll, die Tiere in eine Felsennische zu treiben, um sie dort zu töten. Denn für unsere Vorfahren bedeuteten Pferde zunächst nur eines: Fleisch zum Essen.

Ungefähr 3000 Jahre alt sind diese Kutschen, die 2011 in China entdeckt wurden.

In der Jungsteinzeit, vor etwa 6000 Jahren, hielten Völker in Zentralasien erstmals Pferdeherden in großen Umzäunungen. Zunächst ging es den Menschen dabei um das Fleisch, die Felle und die Milch der Pferde. Doch etwa 2000 vor Christus entdeckten sie etwas völlig Neues: Pferde konnten Lasten tragen und sogar lernen, einen Reiter auf ihrem Rücken zu erdulden.

Wieso Steinzeit?

Den frühesten Abschnitt der Menschheitsgeschichte nennen wir „Steinzeit", weil die Menschen ihre Werkzeuge in dieser Zeit aus Stein herstellten. Die Steinzeit begann vor etwa 2,6 Millionen Jahren und endete vor rund 4000 Jahren.

Früher hatten Pferde für das Leben der Menschen eine große Bedeutung. Besaß ein Herrscher viele Pferde, war er mächtig, denn berittene Soldaten besiegten fast immer jene Völker, die ohne Pferde Krieg führen mussten. Berühmt-berüchtigt ist der Mongolen-Fürst Dschingis Khan, der mit seinen wilden Reitern Anfang des 13. Jahrhunderts ein gigantisches Reich in Asien eroberte. Doch nicht nur im Krieg waren Pferde wichtig. Niemand konnte Nachrichten schneller übermitteln als ein Reiter. Und bis zur Erfindung der Eisenbahn legte man weite Strecken stets auf einem Pferd oder in einer Kutsche zurück.

An die Arbeit

Für schwere Arbeiten waren Pferde lange Zeit zu kostbar. Erst ab dem Spätmittelalter, um das Jahr 1400, setzten die Bauern sie beim Pflügen häufiger ein als ihre bisherigen Zugtiere, die Ochsen. Besonders hart wurde das Pferdeleben gegen Ende des 18. und im 19. Jahrhundert. In dieser Zeit, die wir Industrialisierung nennen, begannen in Europa immer mehr Fabrikschornsteine zu qualmen und neu gebaute Maschinen übernahmen viele Aufgaben. Zum Antrieb jedoch brauchten diese Maschinen große Mengen an Steinkohle. Und die wurde in engen Stollen mit Hilfe von Grubenponys abgebaut. Die Tiere mussten unter der Erde leben und kamen fast nie an die frische Luft. In den schnell wachsenden Städten arbeiteten unzählige Großpferde. Sie mussten zum Beispiel auch die ersten Straßenbahnen ziehen und Waren zu den Märkten karren.

Aber schließlich wurden die Maschinen immer leistungsfähiger – und befreiten die Arbeitspferde von ihren Aufgaben. Als Folge dieser Entwicklung nahm die Zahl der Pferde schnell ab. Wer wollte schon einen nutzlosen Fresser im Stall? Vor einigen Jahrzehnten jedoch entdeckten die Menschen Pferde als Freizeit-Partner. Heute gibt es in Deutschland rund vier Mal so viele Pferde wie noch vor 40 Jahren.

Grubenponys hatten ein schweres Leben. Hier wird gerade eines abgeseilt, weil es unter der Erde arbeiten soll.

Ab 1872 wurde in Dresden die Straßenbahn von Pferden gezogen. Etwa 20 Jahre später wurde auf elektrischen Betrieb umgestellt.

Diese Statue zeigt Dschingis Khan. Sie ist 40 Meter hoch und steht in der Mongolei.

Wenn ich groß bin, werde ich ...

Pferde übernehmen wichtige Aufgaben

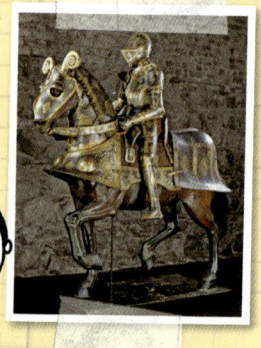

Ritterliches Schlachtross (15. bis 16. Jahrhundert)

Sehe ich nicht toll aus in meiner Stahl-Rüstung, meinem Rossharnisch? Zugegeben ... das Ding ist schwer, 20 oder 30 Kilo. Und dazu muss ich ja noch meinen Herrn, den Ritter, schleppen, der ebenfalls eine schwere Rüstung trägt. Aber nur so sind wir während Turnieren und Kriegszügen gut geschützt. Wir Schlachtrösser sind besonders groß und kräftig. Nur die reichsten Edelmänner können sich überhaupt ein Pferd wie mich leisten.

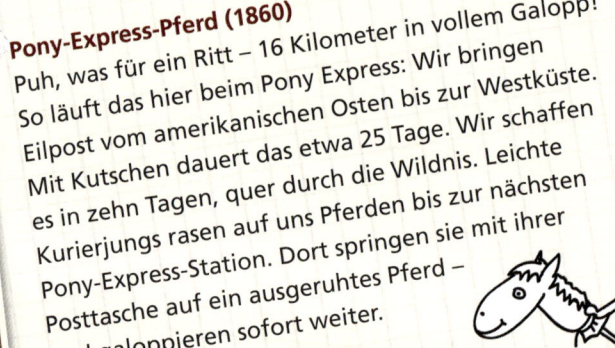

Pony-Express-Pferd (1860)

Puh, was für ein Ritt – 16 Kilometer in vollem Galopp! So läuft das hier beim Pony Express: Wir bringen Eilpost vom amerikanischen Osten bis zur Westküste. Mit Kutschen dauert das etwa 25 Tage. Wir schaffen es in zehn Tagen, quer durch die Wildnis. Leichte Kurierjungs rasen auf uns Pferden bis zur nächsten Pony-Express-Station. Dort springen sie mit ihrer Posttasche auf ein ausgeruhtes Pferd – und galoppieren sofort weiter.

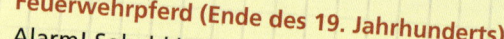

Feuerwehrpferd (Ende des 19. Jahrhunderts)

Alarm! Sobald in der Feuerwache die Glocke schrillt, öffnen sich unsere Pferdeboxen und wir traben selbstständig zum Deichselplatz, an dem ein Feuerwehrmann von oben das Geschirr auf uns herablässt. In weniger als einer Minute preschen wir los. Nur dank uns Pferden gelangen die neu erfundenen, schweren Dampfspritzen schnell zum Einsatzort. Zuvor benutzten die Feuerwehrleute nur schwache Handspritzen.

Polizeipferd

Bei Demonstrationen oder nach Fußballspielen bin ich mit im Getümmel und muss dabei stets die Nerven behalten. Der Polizist auf meinem Rücken überblickt die Menge. Gemeinsam zeigen wir Stärke. Die Polizei braucht mich auch bei Kontrollritten in Parks oder bei Such-Aktionen in Wald und Feldern.

Therapiepferd

Ich bin zwar kein Arzt, aber man könnte mich ruhig Dr. Pferd nennen. Meine sanften Bewegungen helfen zum Beispiel Patienten, deren Muskeln nach einer Hirnschädigung nicht recht gehorchen. Und wegen meiner einfühlsamen Art, meiner Samtnase und dem Kuschelfell mögen mich auch viele Kinder, die mit psychischen Erkrankungen zu kämpfen haben.

Freizeitpferd

Mein Job? Ein guter Kumpel zu sein. Mich striegeln, füttern und verwöhnen zu lassen. Und natürlich meinen Besitzer beim Hallentraining zu tragen oder wenn wir zusammen durchs Gelände preschen. Schätzungsweise 1,7 Millionen Kinder und Erwachsene reiten in Deutschland auf Pferden wie mir. Sehr viele von ihnen sind Mädchen und Frauen. Wer auf mir reitet, ist mir ja egal, Hauptsache, ich werde gut behandelt.

Die letzten WILDEN

Przewalski-Pferde werden in die Freiheit entlassen

Nach einer langen Reise

Gleich ist es so weit! Dann öffnen sich die Gatter der Transportboxen. Zwölf enge Holzkisten sind es, und in jeder trappelt ein nervöses Przewalski-Pferd. Ob die Tiere ahnen, dass sie gleich hinaus dürfen – hinaus in die Wildnis? Mehr als 40 Stunden sind sie mit Lastwagen und zwei Flugzeugen gereist, von Südfrankreich bis hierher in die Mongolei. Früher streiften unzählige wilde Przewalski-Pferde durch dieses asiatische Land. Sie wurden „Takhi" genannt und für die Menschen hier waren sie sogar heilig. Doch seit gut 50 Jahren leben keine Takhi mehr in der freien Wildbahn. Nur in Zoos konnten einige gehalten und gezüchtet werden. Aber ein Leben hinter Gittern? Das ist nichts für ein Wildpferd.

Große Aufregung

Manche Mongolen sind von weit her angereist, um die Rückkehr der Takhi zu beobachten. Sie jubeln, als die Kisten sich öffnen und die Pferde herauskommen: Stämmig sind sie, mit einer dunklen Stehmähne, karamellbraunem Fell und einem schwarzen Aalstrich auf dem Rücken. Vom Aussehen her könnten sie auch gewöhnliche Ponys sein; vom Charakter her gelten sie als besonders streitlustig. Tatsächlich sind sie eine ganz eigene Unterart und die einzigen echten Wildpferde der Welt. Ihr Entwicklungszweig hat sich schon vor mindestens 120 000 Jahren von dem der Hauspferde getrennt. Zu den Hauspferden gehören auch die Mustangs in den USA, die Camargue-Pferde in Frankreich und die Exmoor-Ponys in England – sie streifen zwar

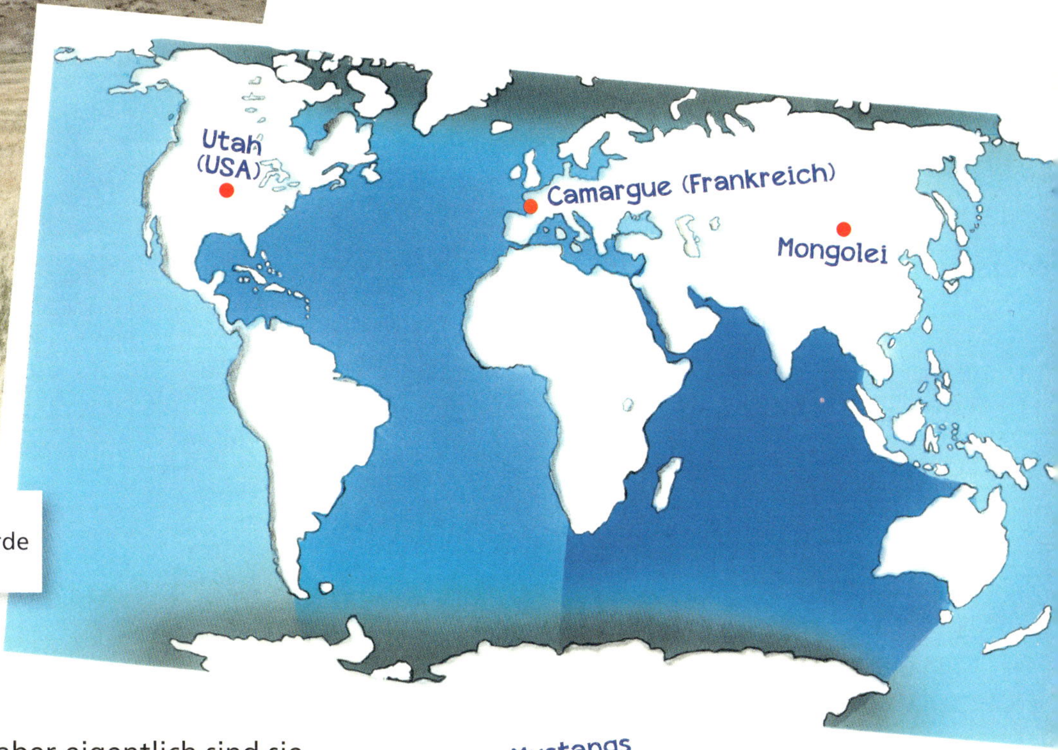

Einige Gegenden, in denen Wildpferde leben

Utah (USA)

Camargue (Frankreich)

Mongolei

frei durch die Natur, aber eigentlich sind sie Hauspferde, die vor langer Zeit verwildert sind.

Wie schmeckt's hier?

Alle zwölf Przewalski-Pferde sind jetzt aus ihren Boxen befreit. Zwei junge Stuten wälzen sich im Staub, andere knabbern neugierig am mattgrünen mongolischen Gras. Die Tiere haben schon in Frankreich gemeinsam auf einer einsamen Hochebene gelebt. Zehn Jahre lang hat eine Gruppe von Freiwilligen die Auswilderung der Tiere vorbereitet. In verschiedenen mongolischen Reservaten leben inzwischen wieder rund 300 Przewalski-Pferde, und wenn alles gut geht, werden es noch mehr. Leicht ist das Leben in Freiheit nicht: Im Winter wird es bis zu minus 40 Grad kalt, im Sommer brennt die Sonne, und in manchen Regionen lauern Wolfsrudel.

Die Neuankömmlinge kümmert das aber nicht. Mit fröhlichem Wiehern trabt die Herde weg, Richtung Horizont. Freiheit, wir kommen!

Diese Mustangs galoppieren durch die amerikanische Steppe.

Camargue-Pferde sind helle, kräftige Tiere.

„Ich weiß, was Pferde sagen wollen!"

Eine Pferdeflüsterin erzählt

Andrea Kutsch ist Deutschlands bekannteste „Pferdeflüsterin" – sie versteht Pferde und kann mit ihnen kommunizieren. Im Laufe der Jahre hat sie die Sprache der Pferde entschlüsselt. Jetzt unterrichtet die Hamburgerin andere Menschen darin, wie sie Pferde besser verstehen können.

Explorer: Frau Kutsch, wie funktioniert die Sprache der Pferde?

A. Kutsch: Pferde verständigen sich untereinander mit ihrer Körpersprache, mit Gesten. Jedes Ohrenwackeln bedeutet etwas, jedes Kopfsenken, jeder Schritt und jeder Schweifschlag. Auch ich benutze ausschließlich meine Körpersprache, um mich mit Pferden zu verständigen.

Explorer: Dann flüstert ein Pferdeflüsterer also nicht?

A. Kutsch: Überhaupt nicht. Es ist egal, ob wir Menschen laut oder leise sprechen: Worte sind für Pferde nur Lippenlärm. Mit ihnen zu reden ist nutzlos, was wir zu ihnen sagen, ergibt für sie keinerlei Sinn. Das größte Problem ist, wenn ein Reiter wütend wird, weil das Pferd nicht macht, was ihm gesagt wurde. Das Pferd kann aber nichts dafür.

Explorer: Haben Sie deshalb diesen Beruf ergriffen? Um Missverständnisse zwischen Mensch und Pferd zu beseitigen?

A. Kutsch: Ich hatte mein erstes Pony mit fünf Jahren und bin mit Pferden aufgewachsen. Trotzdem habe ich immer gespürt, dass vieles unsere Welten trennt, dass wir uns letztlich nicht verstehen. Es hat mich auch immer geärgert, dass die Reitlehrer, die ich im Laufe der Jahre hatte, einander widersprochen haben: Jeder *glaubte* zu wissen, wie man mit Pferden umgehen soll – aber niemand *wusste* es wirklich. Das wollte ich durch wissenschaftliche Forschung ändern. Inzwischen habe ich mehr als 180 Gesten der Pferde entschlüsselt und verstehe ihre Sprache. Wer die lernt, kann gewaltfrei mit Pferden umgehen und Missverständnisse vermeiden. Das ist mein Ziel.

Explorer: Kommen oft Problempferde zu Ihnen in Behandlung?

A. Kutsch: Ja, in diesem Bereich gibt es eine große Nachfrage. Die verzweifelten Besitzer bringen Pferde aus unterschiedlichen Gründen, zum Beispiel wenn sie beim Einsteigen in den Hänger bocken oder sich nicht die Hufe beschlagen lassen. Durch ein

Flach zurückgelegte Ohren
„Pass auf! Ich bin unwillig und aggressiv!"

Gespitzte Ohren
„Ich bin aufmerksam, neugierig. Die Ohren lauschen in alle Richtungen."

spezielles Verhaltenstraining gewinne ich das Vertrauen der verstörten Tiere und tatsächlich scheinen die Probleme dann wie weggeblasen.

Explorer: Das ist doch toll!

A. Kutsch: Schon. Aber bei ihren Besitzern zu Hause machen die Pferde dann oft wieder Probleme. Ob das passiert, liegt an den Menschen, die die Pferde ausbilden und betreuen. Der Mensch muss ihnen zeigen, dass sie sich vor dem Anhänger, dem Schmied oder dem Springen über Hindernisse nicht

Gesenkter Kopf, müder Blick

„Mir geht es nicht so gut. Ich bin krank oder niedergeschlagen."

Hoch getragener Schweif

„Ich bin wach und voller Tatendrang. Mit einem gesenkten Schweif hingegen zeige ich anderen Pferden, dass ich müde und schwach bin."

zu fürchten brauchen. Alles, was wir heute von Pferden verlangen, ist nämlich eigentlich gegen ihre Natur. Sie sind ja gerade mal seit 5000 Jahren die Gefährten von Menschen. Davor haben sie 50 Millionen Jahre frei in Herden gelebt, haben gegrast, sich fortgepflanzt und sich vor Raubtieren in Acht genommen. Genau so funktionieren auch heute noch ihre Instinkte.

Explorer: Wie helfen Sie also den Reitern?
A. Kutsch: Ich möchte, dass Probleme gar nicht erst entstehen. Also habe ich eine Akademie gegründet, in der Erwachsene und Kinder lernen, was Pferde brauchen. Sie fühlen sich zum Beispiel nur sicher, wenn es eine klare Rangordnung gibt, genau wie in ihren Herden. Auch ich kann mit dem Pferd eine Zweierherde bilden, aber es ist wichtig, dass das Pferd mir dabei die Anführerschaft übergibt.

Explorer: Was muss ich noch wissen?
A. Kutsch: Junge Mädchen umarmen Pferde zum Beispiel gern am Hals, um mit ihnen zu knuddeln. Pferde fühlen sich aber nicht wohl, wenn sie den Kopf nicht frei haben und nicht jederzeit fluchtbereit sind. Überhaupt bleiben Pferde gegenüber Menschen immer etwas misstrauisch. Unsere Augen liegen ja wie bei Löwen und Wölfen vorne im Kopf. Wenn wir einem Pferd direkt in die Augen schauen, macht ihm das Angst. Dieser Blick bedeutet für das Pferd „Geh weg!". Auch meine geöffnete Hand kann wie eine gefähr-

Peitschender Schweif
„Oft will ich so einfach nur Fliegen verscheuchen. Peitsche ich mit dem Schweif, kann das aber auch heißen, dass ich nervös bin oder Schmerzen habe."

Hinterhand-Zudrehen
„Lass mich in Ruhe. Sonst könnte ich dich treten!"

liche Raubtier-Kralle wirken und das Pferd zur Flucht treiben – selbst wenn ich nur meiner Freundin zuwinken will. Aber besonders bedrohlich ist es für ein Pferd, wenn ich nervös bin.

Explorer: Merkt es die Nervosität?
A. Kutsch: Pferde sind unglaublich empfindsam. Ist der Herden-Anführer aufgeregt und hat deshalb einen hohen Pulsschlag, denkt das Pferd, dass etwas nicht in Ordnung ist, und wird selbst unruhig. Deshalb bringt es

auch nichts, in einer schwierigen Situation dem Pferd gut zuzureden. Das machen Reiter ja nur, wenn sie selbst besorgt und letztlich überfordert sind. Sie sagen dann „Brrr!" oder „Ist ja gut!". Aber das Pferd versteht die Worte nicht und die Stimme eines aufgeregten Menschen ist schrill und sie bebt.

Explorer: Wie soll ich stattdessen mit dem Pferd umgehen?
A. Kutsch: Ich muss völlig ruhig sein. Gut durchatmen hilft. Ein nervöses Pferd kann ich streicheln, damit es über den Puls in meiner Hand spürt, dass ich selbst nicht aufgeregt bin. Wer weiß, wie er ein Pferd sanft leitet, muss auch niemals Peitsche oder Sporen benutzen. Diese Gewaltwerkzeuge finde ich schrecklich.

Pferdeflüsterin Andrea Kutsch,
geboren in Frankfurt am Main, liebt Pferde seit ihrer Kindheit. Ganz verstehen kann sie sie aber erst, seit sie angefangen hat, die Gesten der Pferde mit Hilfe von wissenschaftlicher Forschung zu entschlüsseln. Heute unterrichtet sie Jugendliche und Erwachsene in der Andrea-Kutsch-Akademie darin, die „Sprache" von Pferden zu erlernen.

Robuster Zwerg oder edles Vollblut?

Weshalb es so viele verschiedene Pferderassen gibt

Islandpferd

Größe:
130–145 cm

Aussehen:
Kräftige Statur, üppige Mähne und dichter Schweif, dickes Winterfell

Gut zu wissen:
Die gutwilligen und genügsamen Pferde leben in Island oft halbwild in Herden. Sie sind reinrassig, denn seit dem Jahr 930 dürfen keine anderen Pferde auf die Insel gebracht werden. Viele, aber nicht alle Islandpferde beherrschen außer den Gangarten Schritt, Trab und Galopp auch noch den weichen „Tölt" und den schnellen „Rennpass".

Klein und groß

Steht ein Shetlandpony neben einem Englischen Vollblut, sehen wir ein merkwürdiges Paar: Das eine Tier ist klein, stämmig und hat ein dickes Fell, das andere ist ein leichtfüßiger, temperamentvoller Galopper. Allen Unterschieden zum Trotz gehören beide jedoch zur Unterart der „Hauspferde" und können gemeinsam fruchtbaren Nachwuchs haben. Normalerweise bringen Züchter keine derart verschiedenen Tiere zusammen. Aber in Argentinien hat es doch einer versucht – und aus einer Shetland-Vollblut-Kreuzung entstand die Rasse der winzigen Falabella-Pferde.

Die Fohlen der kleinen Falabellas sind kaum höher als eine Katze.

Wenn es um Freundschaft geht, sind Größenunterschiede doch ganz egal ...

Lebensraum und Eigenschaften

Seit der Mensch die ersten Pferde gezähmt hat, versucht er, sie nach seinen Wünschen zu formen. Über Jahrtausende hinweg geschah das aber eher nach Augenmaß: Ein besonders schneller Hengst durfte sich zum Beispiel mit besonders vielen Stuten paaren. Auch die Region, in der die Tiere lebten, prägte sie entscheidend: Im kalten, gebirgigen Island entwickelten sich trittsichere Pferde mit warmem Fell; die Wüstenpferde der Beduinen auf der arabischen Halbinsel waren besonders ausdauernd und schnell.

Dieses Gemälde des englischen Malers George Stubbs zeigt den Vollbluthengst Eclipse. Eclipse war einer der wichtigsten Hengste für die Vollblutzucht.

Gute Mischung

Heute gibt es mehr als 280 Pferde- und Ponyrassen. Vor etwa 400 Jahren begannen Züchter, die Fähigkeiten und Wesenszüge der Pferde gezielt zu beeinflussen. So sorgten sie zum Beispiel dafür, dass sich sehr unterschiedliche Pferde aus weit entfernten Ländern miteinander paarten. Man nennt das kreuzen: Bei den Nachkommen „mischen" sich dann die Eigenschaften. Damit eine neue Rasse entsteht, muss es aber gelingen, Pferde mit immer gleichen Eigenschaften zu züchten – und das dauert viele Jahre. Ein echtes Friesenpferd zum Beispiel soll unter anderem lackschwarz und höchstens 175 Zentimeter groß sein. Dann entspricht es dem Zuchtziel und darf im Zuchtbuch der Friesen eingetragen werden.

Hannoveraner

Größe:
160–170 cm

Aussehen:
Elegantes Sportpferd mit langem, feinem Hals und aufmerksamen Augen

Gut zu wissen:
Hannoveraner sind eine der beliebtesten Warmblutrassen der Welt, denn sie sind ausgeglichen, lernfähig und begabte Sportler. Besonders erfolgreich sind sie im Springreiten und in der Dressur.

Arabisches Vollblut

Größe:
140–156 cm

Aussehen:
Besonders edel und feurig. Typisch ist der kleine Kopf mit vorgewölbter Stirn und großen Augen und Nüstern.

Gut zu wissen:
Diese älteste und vielleicht schönste Pferderasse der Welt stammt ursprünglich aus der Wüstenzucht der Beduinen. Vollblutaraber sind sehr ausdauernd, aber auch lebhaft und empfindsam.

Shetland-Pony

Größe:
etwa 100 cm

Aussehen:
Klein, muskulös, recht kurze Beine. Durch die lange Nase wird kalte Luft vorgewärmt, bevor sie in die Lungen strömt.

Gut zu wissen:
Über Jahrhunderte halfen die schlauen und widerstandsfähigen Zwerge den Einwohnern auf den schottischen Shetlandinseln beim Lasten-Transport. Sie trugen sogar erwachsene Reiter. Heute sind sie oft die ersten Pferde für Kinder.

Warmes oder kaltes Blut?

Besonders streng sind die Zuchtregeln bei den edlen **Vollblütern,** zu denen das Arabische Vollblut, das Englische Vollblut und das Anglo-Arabische Vollblut zählen. Sie müssen nachweisen, dass sie ausschließlich vollblütige Vorfahren haben, also ausschließlich Vorfahren mit „Wüstenblut".

Die meisten Sport- und Freizeitpferde gehören hingegen zu den **Warmblütern.** Hannoveraner oder Trakehner sind dafür gute Beispiele: Sie sind mittelgroß, eher leicht gebaut und tragen einen gewissen Anteil von arabischem Wüstenblut in sich.

Lipizzaner

Größe:
151–162 cm

Aussehen:
Fast ausschließlich
elegante Schimmel
mit seidigem
Schweif

Gut zu wissen:
Lipizzaner zeigen in der berühmten
Spanischen Hofreitschule in Wien, wie
geschmeidig ihre Bewegungen sind und
wie schnell sie schwierige Dressuren
lernen.

Shire Horse

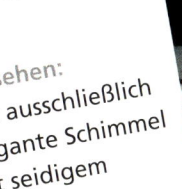

Größe:
durchschnittlich
178 cm

Aussehen:
Der Kaltblüter gilt als
größtes Pferd der Welt.
Durch seinen seidigen, dicken Fessel-
behang sieht er aus, als würde er helle
Stiefel tragen.

Gut zu wissen:
Dieses englische Kraftpaket wiegt bis zu
1200 Kilo, ist aber sanftmütig und ein aus-
dauerndes Zugpferd. Als größtes Pferd
der Welt gilt der australische Shire Horse-
Hengst Noddy. Er hat ein Stockmaß von
2,05 Metern.

Und dann gibt es noch die Gruppe der
Kaltblüter. Das sind die kräftigen, schweren
Arbeitspferde, in denen keinerlei Wüstenblut
fließt.

Die Begriffe Vollblut, Warmblut und Kalt-
blut beziehen sich also auf die Vorfahren
der Pferde: ob jemals ein feuriger Araber
sein Wüstenblut weitervererbt hat oder
nicht. Auf die Körpertemperatur hat das
keinen Einfluss: Das Blut aller Pferde ist
etwa 38 Grad warm.

Ist das ein Pony oder ein Großpferd?

Ein wichtiges Merkmal eines Pferdes ist das Stockmaß des ausgewachsenen Tieres: Liegt es unter
148 Zentimetern, handelt es sich um ein Pony.
Doch auch das Aussehen ist wichtig. Ponys haben
verhältnismäßig kurze Beine und Hälse und oft
buschige Mähnen. Ihr Körperbau unterscheidet
sich zum Beispiel von dem der leichten Araber.
Deren Stockmaß liegt zwar oft unter der ent-
scheidenden Marke, aber man würde sie wegen
ihrer eleganten Erscheinung niemals Pony
nennen.

Voll VERSCHIMMELT

Eine Bildergeschichte

Ist das etwa das Fohlen von Alba?

Aber Schneeflocke ist ja braun! Braun wie Schokolade!

Ja. Es heißt Schneeflocke. Kam letzte Woche zur Welt.

Komisch, nicht wahr? Dabei ist die Mutter ein Schimmel. Und der Vater auch. Da stimmt doch was nicht!

Sie muss eben noch anschimmeln.

Lisa, Lisa! Jemand hat Albas Fohlen vertauscht. Schneeflocke ist braun!

Waaaas? Das hört sich aber eklig an!

Seht euch doch unseren Jonny hier an! Der war bei seiner Geburt pechschwarz - und jetzt ist er ein Schimmel.

Guck mal, was ich im Internet gefunden habe! In Schweden hat ein Wissenschaftler das Schimmel-Gen entdeckt.

Zelle
Chromosomen
DNA

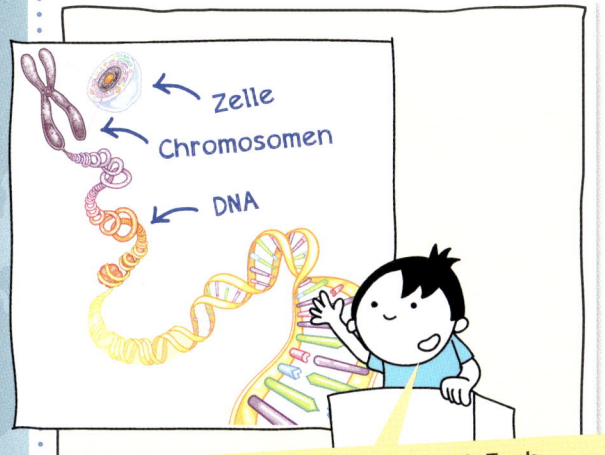

Schimmel haben eine Art Farb-Ausschalter von ihren Eltern geerbt. Ihr Fell ergraut viel, viel schneller als bei anderen Pferden. Das beginnt schon kurz nach der Geburt.

Alles wird gut, Schneeflöckchen! In ein paar Jahren bist du weiß wie deine Mutter.

Bis dahin können wir dich ja anders nennen. Ich bin für Schoko-Küsschen. Was meinst du?

sportlich, sportlich

Wenn Pferde Medaillen gewinnen

Viele Pferde können sportliche Höchstleistungen vollbringen. Hier einige der bekanntesten Disziplinen:

Dressur

Harmonisch und scheinbar mühelos zeigen Reiter und Pferd bestimmte Übungen und Figuren. Um diese Figuren zu lernen, müssen Pferd und Reiter lange trainieren. Bei einem Turnier bewerten Richter die Leistung. Die deutschen Dressurreiter gehören zu den erfolgreichsten der Welt.

Springen

Pferd und Reiter müssen Hindernisse auf einer abgesteckten Bahn, dem Parcours, überspringen – ohne eine der Stangen abzuwerfen. Meist geht es dabei auch um Geschwindigkeit. Das Team muss Schnelligkeit, Technik und Mut beweisen.

Vielseitigkeit

Das Vielseitigkeitsreiten ist der Mehrkampf im Pferdesport. Pferd und Reiter treten bei einer Dressur-Prüfung, bei einem anspruchsvollen Geländeritt und bei einem Spring-Wettbewerb an.

Rennsport

Wer ist als Erster im Ziel? Bei Galopprennen sitzt ein Jockey im Sattel. Bei Trabrennen hingegen hockt meist ein Fahrer in einem Sulky, einem leichten Wagen mit einer Achse.

Sulky

Distanzreiten

Das Langstreckenrennen im Reitsport heißt Distanzreiten. Bei einem „Hundertmeiler" legen Pferd und Mensch innerhalb von 24 Stunden 160 Kilometer zurück. Zwischendurch kontrollieren Tierärzte, ob es dem Pferd gut geht. Es gewinnt auch nicht unbedingt der Schnellste, sondern derjenige, dessen Pferd nach dem Ritt nicht allzu erschöpft ist.

Kleine Erfrischung bei einem Rennen über 160 Kilometer

Eine Frage, zwei Meinungen: Ist Turniersport gut für die Pferde?

„Turniersport ist artgerecht"

„Pferde können Unglaubliches leisten. Sie müssen dazu allerdings gut ausgebildet sein und Schritt für Schritt auf die steigenden Anforderungen vorbereitet werden. Das Wohl des vierbeinigen Partners muss dabei immer im Vordergrund stehen. Pferde im Spitzensport sind sehr wertvoll und die meisten Reiter kümmern sich liebevoll um ihre Pferde. Sie haben ein großes Interesse daran, dass ihre Pferde gesund bleiben. Pferde können darüber hinaus sehr ehrgeizig sein, ähnlich wie menschliche Athleten. Das sieht man beispielsweise bei Vielseitigkeitspferden, die mit Biss durchs Gelände galoppieren, unerschrocken jedes Hindernis nehmen und mit ihrem Reiter eine echte Einheit bilden."

Dr. Dennis Peiler, Geschäftsführer des Fachbereichs „Sport" bei der Deutschen Reiterlichen Vereinigung und dem Deutschen Olympiade-Komitee für Reiterei

„Turniersport sehe ich kritisch"

„Turnierpferde müssen ihren Job gerne machen. Dazu müssen sie gut trainiert werden. Die Ausbildung zum Turnierpferd darf nicht unter Zwang passieren, sondern das Pferd soll überwiegend durch Lob ermutigt werden, die Leistungen zu vollbringen. Viele Pferde werden schon zu jung bei Wettbewerben eingesetzt: Die Aufgaben sind dann oft noch zu schwierig für ihr Alter und können ihrer weiteren Entwicklung schaden. Turnierrichter sollten außerdem strenger sein: Wer sein Pferd nicht ordentlich behandelt, sollte härter bestraft werden. Nicht zuletzt bemängele ich, dass in vielen Turnierställen die Pferde nicht regelmäßig auf die Weide dürfen. Das muss auch einem preisgekrönten Champion ermöglicht werden."

Dr. Andreas Franzky von der Tierärztlichen Vereinigung für Tierschutz

„Sie nennen mich Jahrhundert-hengst!"

Galopp-Star Calisto erzählt vom Leben auf der Rennbahn

Nach einem Rennen nimmt sich Galopp-Star Calisto etwas Zeit, um uns vom Leben auf der Rennbahn zu erzählen.

Explorer: Glückwunsch zum letzten Rennen, Calisto! Du bist ja noch völlig außer Puste …

Calisto: Na klar! Sobald sich die Startboxen öffnen, geben wir Rennpferde wirklich alles. Manche Galopper sind bis zu 70 Stunden-kilometer schnell. Für die 2400 Meter lange Strecke gerade eben habe ich knapp zwei-einhalb Minuten gebraucht.

Explorer: Zu welcher Rasse gehörst du denn?

Calisto: Ich bin ein Englisches Vollblut. Meine Vorfahren wurden extra für den Rennsport gezüchtet. Und bei vielen wichtigen Galopp-rennen darf gar keine andere Rasse antreten, denn dann sollen sich gleichaltrige Vollblüter untereinander messen. Wer sich als beson-ders schnell und kämpferisch erweist, ist wertvoll für die Zucht. Es gibt erfolgreiche Rennpferde, die für viele Millionen Euro ver-kauft werden.

Wie wäre es mit einem Tässchen Tee?

Die Zuschauer von berühmten Pferderennen wollen nicht nur schnelle Pferde sehen, sondern auch schicke Hüte.

Auf die Plätze, fertig …

Explorer: Bist du vor Rennen immer sehr aufgeregt?

Calisto: Ein bisschen. Wir Vollblüter sind äußerst empfindsame Pferde. Manche Rennpferde tragen Ohrenstöpsel gegen den Lärm oder Scheuklappen, damit sie nur nach vorne schauen können. Ich brauche das zum Glück nicht.

Explorer: Gehst du immer mit dem gleichen Jockey an den Start?

Calisto: Nein. Ich weiß vor einem Rennen nie, wer gleich auf meinen Rücken steigt. Jockeys sind Berufsreiter und treten ständig auf anderen Pferden an. Sie können pro Tag auch mehrere Rennen bestreiten.

Explorer: Beim Rennsport geht es also um viel Geld?

Calisto: Oh ja. Die Zuschauer weltweit geben jährlich 97 Milliarden Euro bei Pferdewetten aus. Und der Stall des Gewinners streicht oft hohe Siegesprämien ein. Die höchste bekommt der Gewinner des Dubai World Cup: 10 Millionen Euro. Der Herrscher von Dubai ist ein Pferdenarr. Er hat in der Wüste die teuerste Rennbahn der Welt bauen lassen. Aber auch Engländer lieben den Rennsport sehr. In ihren super-modernen Trainingszentren gibt es sogar Schwimmbäder für Rennpferde.

Explorer: Du auch?

Calisto: Aber nein! Schau doch, wie verschwitzt und müde ich bin! Morgen werde ich nur im Schritt geführt und darf mich ausruhen. Zum nächsten Rennen trete ich frühestens in zwei bis drei Wochen an.

Explorer: Vermisst du so etwas in Deutschland, wo der Rennsport nicht ganz so beliebt ist?

Calisto: Ach was. Auch um mich kümmern sich Trainer, Tierärzte und Pfleger. Sie tun alles, damit ich beim nächsten Rennen fit bin. Nach dem Training entspanne ich mich unter wärmenden Infrarot-Lampen. Ich werde sorgfältig geputzt und massiert und natürlich bekomme ich bestes Kraftfutter. Am Renntag selbst darf ich allerdings nur wenig fressen.

Die Jockeys sind klein und leicht, damit die Pferde nicht so schwer tragen müssen.

Gute Besserung!

Auch für Pferde gibt es Kliniken

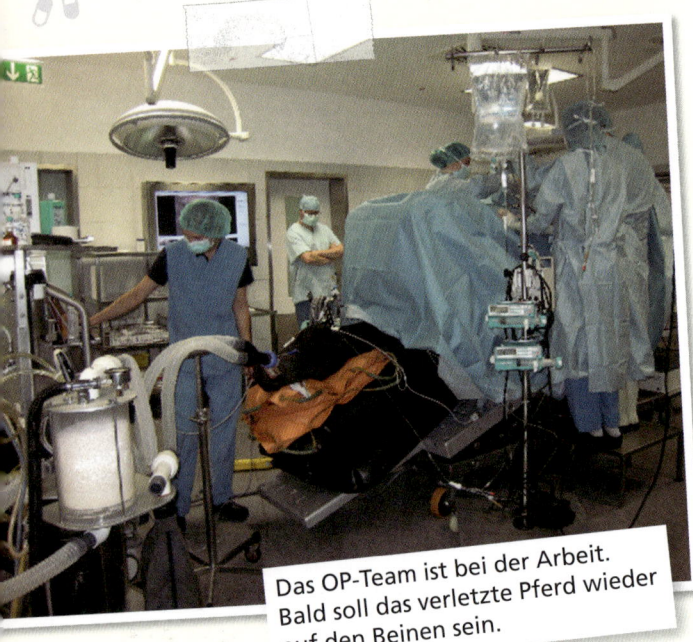

Das OP-Team ist bei der Arbeit. Bald soll das verletzte Pferd wieder auf den Beinen sein.

Patient mit vier Hufen

Die Narkose hat gewirkt. Der Patient ist eingeschlafen, dann hat ihn ein Kran auf den Operationstisch gehievt. Da liegt er nun auf weichen Luftpolstern – ein junger, brauner Hengst. Die Beatmungsanlage zischt, während eine mit Mundschutz und OP-Schürze bekleidete Schwester flink das Hinterbein des Tieres schert. Alles soll keimfrei sein, denn gleich wird operiert: Die Tierärzte wollen einen „Chip" aus dem Inneren des Fesselgelenkes entfernen, ein unerwünschtes Knochenstückchen. Noch verursacht es keine Probleme, aber es könnte später das Gelenk reizen und den wertvollen Hengst lahmen lassen.

Hereinspaziert

Es ist ein ganz normaler Morgen an der Tierärztlichen Hochschule Hannover, einer der größten und modernsten Pferdekliniken der Welt. 12 Tierärzte kümmern sich hier um bis zu 60 stationäre Patienten, um wertvolle Zuchttiere ebenso wie um geliebte Freizeitpferde. Statt weißer Betten gibt es geräumige Boxen, die Operationstische sind stabil genug für einen schweren Kaltblüter. Doch ansonsten ähnelt vieles einem Krankenhaus für Menschen. Morgens besuchen die Tierärzte bei der Visite jeden einzelnen Patienten. Es gibt eine Notaufnahme, Labore und Röntgengeräte, die die Pferdeknochen sichtbar machen. Pferdezahnärzte behandeln schmerzhafte Stellen im Pferdegebiss. Besonders stolz ist man in Hannover auf den neuen Magnetresonanztomografen (MRT): An keinem anderen

Für die MRT-Untersuchung steckt das Pferd den Kopf in die Röhre.

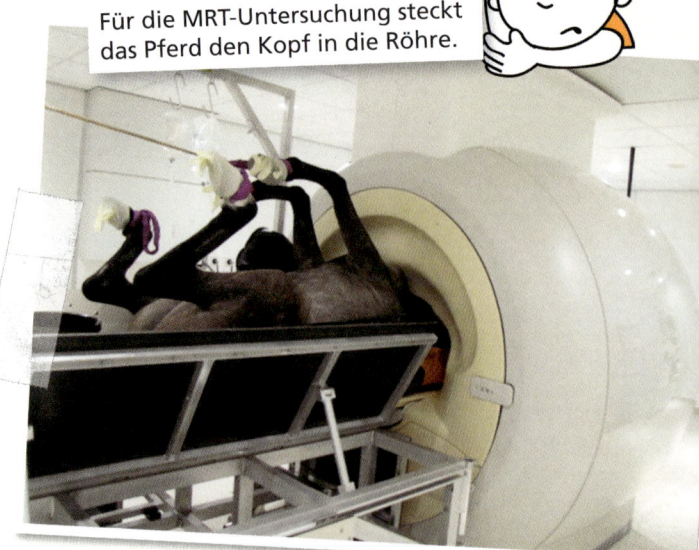

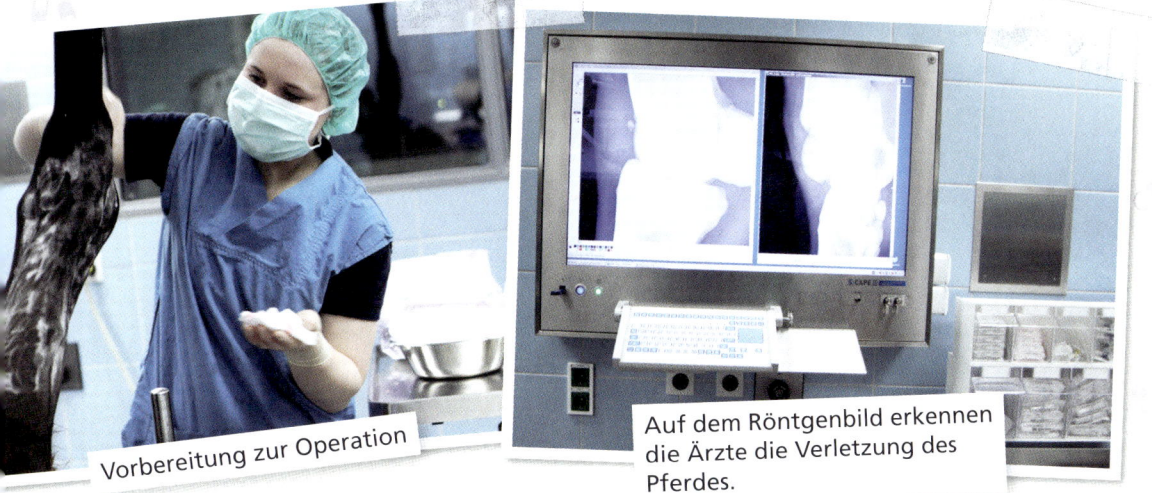

Vorbereitung zur Operation

Auf dem Röntgenbild erkennen die Ärzte die Verletzung des Pferdes.

Ort der Welt wird ein so starkes Gerät für Pferde benutzt. Gerade schiebt ein Tierarzt den Kopf eines betäubten Schimmels in die cremeweiße Röhre. Mit dem MRT können die Tierärzte zum Beispiel gestochen scharfe Bilder vom Gehirn des Pferdes machen oder von entzündeten Sehnen oder Schleimbeuteln im Inneren der Beine.

Notfall: Kolik

Bei vielen Untersuchungen sind Studenten dabei, denn in Hannover werden Tierärzte ausgebildet, und um ein guter Tierarzt zu werden, muss man viel lernen und wissen. Bei Notfällen kann es schon mal hektisch werden, wenn sich etwa der Zustand eines Kolikpatienten plötzlich verschlechtert. Im Pferdebauch schlängeln sich 25 Meter Dünn-

darm, und dazu kommt ein zentnerschwerer Dickdarm: Kein Wunder, dass sich hier vieles verdrehen, aufblähen und verstopfen kann, viel leichter als beispielsweise beim Menschen. Für Pferde ist solches „Bauchweh" teils lebensgefährlich. Manchmal hilft nur eine Not-OP, zu der in der Pferdeklinik auch nachts alle nötigen Helfer zusammengetrommelt werden.

Ende gut, alles gut

Die Beinoperation des braunen Hengstes ist ruhig und problemlos verlaufen. Zum Aufwachen aus der Narkose liegt er jetzt in einer speziellen Box, die mit Gummi gepolstert ist. Hier würde er sich nicht verletzen, wenn er beim Aufstehen einmal strauchelt. Schon in ein, zwei Tagen darf der Braune die Pferdeklinik verlassen. Und in ein paar Wochen wird er wieder unbeschwert über die Weide toben.

Bei dem Pony wird eine Ultraschall-Untersuchung gemacht.

Meterlang
Bis zu 20 Liter kann ein Pferdemagen fassen – das entspricht beinahe dem Volumen von zwei Eimern. Dünn- und Dickdarm zusammen sind 30 Meter lang. Die unverdaulichen Futterreste werden als „Pferdeäpfel" ausgeschieden. Davon plumpsen jeden Tag etwa 10 bis 20 Kilo zu Boden.

Willkommen, kleine Stella!

Manchmal kommen Fohlen ganz überraschend zur Welt

Das neugeborene Fohlen …

Überraschung

Es ist früher Abend und der Reiterhof Ilmenau liegt verlassen da. Noch wenige Stunden zuvor hat es hier vor Reitschülern gewimmelt. Jetzt aber hallen meine Schritte, als ich den schummrigen Stall betrete. Ein Haflinger schnaubt in seiner Box. „Bin gleich wieder weg, du Süßer!", flüstere ich. „Ich habe nur meinen Rucksack vergessen. Er muss hier doch irgendwo …" – „Anne!", ruft plötzlich eine Stimme. „Was machst du denn hier?"
Vor mir steht Frau Seidel, die Reitstallbesitzerin. Ihre Haare sind zerzaust und sie hält Desinfektionsmittel in der Hand. „Schnell, fahr wieder nach Hause!", sagt sie. „Ich muss zu Susa zurück, sie bekommt gleich ihr Fohlen."

Ich möchte dabei sein!

Natürlich: Die sanfte Susa war ja schon vor Wochen in die geräumige, ruhige Abfohlbox im Nebengebäude gezogen.
„Darf ich zuschauen, wie Susas Fohlen kommt?", flehe ich.
Frau Seidel schüttelt den Kopf. „Stuten brauchen beim Gebären Ruhe." – „Ich werde keinen Mucks von mir geben", schwöre ich.
Frau Seidel überlegt. Sie weiß, dass ich Pferde über alles liebe, und ich helfe oft im Stall.
„Na schön", sagt sie und reicht mir ihr Handy. „Frag deine Eltern. Und dann komm rüber zu Susa."

... wird sanft von der Mutter trocken geleckt.

Schon bald kann es stehen ...

... und trinken.

Herausgerutscht

Die Stute liegt im Stroh und atmet heftig. „Ihre Fruchtblase ist schon geplatzt", flüstert Frau Seidel. „Das ist die Hülle, die das Fohlen im Mutterleib umgibt. Schau, Susa presst. Jetzt kommt ein Bein!"

Tatsächlich: Ein erster kleiner Huf ist zu sehen. Dann beide Vorderbeine. Dann der Kopf.

„Müssen wir Susa nicht helfen?", wispere ich. Frau Seidel schüttelt den Kopf. „Nur, falls es Probleme gibt."

Als die Schultern des Fohlens draußen sind, geht alles sehr schnell. Das Fohlen flutscht ins weiche Stroh, zappelt und zerreißt an seinem Kopf die Eihaut, die es noch umgibt. Jetzt kann es atmen.

Wie soll das Fohlen heißen?

Ich stehe wie verzaubert an der Box. Ich schaue zu, wie Mama Susa ihr Fohlen ableckt, wie sie selbst wieder zu Kräften kommt und dann ihr Kleines ermuntert aufzustehen. Was für ungeschickte, lange Beine es noch hat. Aber schließlich steht es und trinkt zum ersten Mal Milch bei seiner Mutter. „Wir brauchen noch einen Namen", sagt Frau Seidel. „Wie wäre es mit Stella?", schlage ich schüchtern vor. „Hmmm, warum nicht? Das ist hübsch", sagt Frau Seidel. „Willkommen, kleine Stella!"

Ich bin überglücklich, denn jetzt habe ich auch zur Geburt des Fohlens beigetragen. Zumindest ein kleines bisschen.

Pferde-Wörter

Abzeichen: Unveränderliche, angeborene Merkmale, an denen man das Pferd erkennen kann. Eine „Blesse" ist zum Beispiel ein weißer Streifen von der Stirn über den ganzen Nasenrücken.

Fessel: Teil des Fußes zwischen Huf und Mittelfuß

Gangarten/Gänge: Grundgangarten sind Schritt, Trab und Galopp, aber es gibt auch besondere Gangarten mancher Rassen. Viele Islandpferde beherrschen zum Beispiel den Tölt, der für Reiter besonders angenehm ist.

Gebäude: Bezeichnung für die Körperform eines Pferdes

Gene: Erbanlagen, die ein Lebewesen in vielerlei Hinsicht bestimmen. Ob ein Pferd beispielsweise ein Schimmel wird, ist schon bei seiner Geburt durch Gene festgelegt, die es von seinen Eltern geerbt hat.

Geschirr: Dient dazu, Zugpferde einzuspannen, damit sie zum Beispiel einen Wagen möglichst kraftsparend ziehen können

Hengst: Männliches Pferd, das Nachkommen zeugen kann – im Gegensatz zum ➤ Wallach

Herde: Gruppe von miteinander lebenden Tieren. Pferde sind typische Herdentiere, die sich alleine nicht wohl fühlen.

Hilfen: Anweisung des Reiters an das Pferd, zum Beispiel durch Schenkeldruck oder Gewichtsverlagerung

Jockey: Berufs-Rennreiter. Um sich Jockey nennen zu dürfen, muss man in Deutschland eine dreijährige Ausbildung absolviert und mindestens 50 wichtigere Rennen gewonnen haben.

Kolik: Magen- oder Darmstörung, die für Pferde sehr gefährlich werden kann

Lahmheit: Hinkender Gang des Pferdes, wenn ein Bein schmerzt und es deshalb die anderen Beine stärker belastet

Pony: Kleinpferd, bei dem das ➤ Stockmaß unter 148 Zentimetern liegt und das normalerweise eher kurze Beine und oftmals eine buschige Mähne hat

Przewalski-Pferd: Einzige Wildpferdart, die in ihrer Wildform bis heute überlebt hat. In der Wildnis war sie ausgestorben, doch sie wurde in Zoos nachgezüchtet und seit den 1990er Jahren erfolgreich ausgewildert.

Rossharnisch: Metallrüstung eines Ritter-Pferdes im Mittelalter. Wog meist 20 bis 30 Kilo.

Schweif: Schwanz des Pferdes

Spanische Hofreitschule: Berühmte Reitinstitution in Wien, an der edle Lipizzaner-Pferde die jahrhundertealte „Klassische Reitkunst" erlernen und vorführen

Sporen: Am Reitstiefel befestigte Metalldornen oder Metallrädchen. Sie sollen die ➤Hilfen unterstützen, die der Reiter durch die Schenkel gibt. Sporen treffen die empfindliche Bauchhaut des Pferdes und sollen – wenn überhaupt – nur vorsichtig von erfahrenen Reitern benutzt werden.

Stockmaß/Widerrist: Übergang vom Hals zum Rücken des Pferdes. Wenn das Pferd den Kopf neigt, ist der Widerrist der höchste Punkt. An genau dieser Stelle kann seine Größe verlässlich gemessen werden.

Stute: Weibliches Pferd

Trense: Zaumzeug für ein Pferd

Vererbung: Eigenschaften und Anlagen werden auf die Nachkommen übertragen. Das betrifft aber nur Eigenschaften, die durch Gene festgelegt sind.

Vorderhand: Teil des Pferdekörpers, der vor der Hand des Reiters liegt, also vor allem Kopf, Hals, Schultern und Vorderbeine

Wallach: Männliches Pferd, das zeugungsunfähig gemacht wurde. Gilt als besonders umgänglich und weniger nervös als ein Hengst.